JN064682

先住民ロシア・アルタイ族が暮らす土地の水の結晶　　　　　撮影:オフィス・マサル・エモト

ムーの叡智が宿る
先住民の土地に作った祈りの場

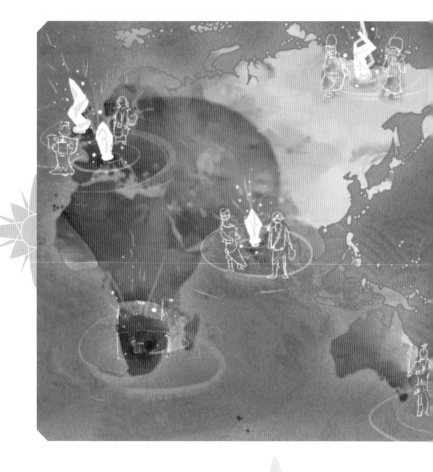

2023年8月8日に祈りセレモニーをともに行った、ロシア・アルタイ族

レムリアの中心地シャスタのウィネメン・ウィントゥ族との祈りセレモニー

ペルーのケロ族とともに行ったセレモニー

あたらしい世界

レムリアとアトランティスの統合

優花
YUKA

パッ

皆さん
こんにちは

優花です

前作「あたらしい世界2021」から2年…

あたらしい世界

あっという間に過ぎましたが皆さんお元気ですか？

私は日々
忙しく働いて
いました

嘘つけ

パッ

あっ

2

つけた脂肪の分
働かんとなー！

働くって
何をするの？

レムリア情報を
まとめるんや！

レムリア？
なんで

これからの
あたらしい世界の
キーになるのが
「レムリア」やからや

いっぱい
あるからな

よろしく
頼むで!!

レムリアや!!

というわけで
今回はレムリア
のようです・・・

4

はじめに

改めまして、みなさん、こんにちは。

チャネラーであり、アーティスト活動をしている優花です。

本書を手にしてくださった方の中には、前著『あたらしい世界2021』を読んでくださったり、普段から私のYouTubeチャンネルを観てくださっている方もいると思いますが、はじめましての方のためにも、簡単に私がチャネリングしている存在についてお話しさせてください。

2018年に突然、私の身体に入ってメッセージを伝えたいという目に見えない存在が現れました。

その存在の名前は、「ゼウ氏」。

なんと、宇宙の"源"意識だというのです！

"源"、つまり宇宙の根源の意識の一部が、ゼウ氏として私にアクセスしてくるようになりました。

私に話しかける時は、関西弁を話す私に合わせてなのでしょう、バリバリ大阪のおっちゃん風に話しかけてきます（笑）。でも見た目は、冒頭の漫画に出てくるような、ギリシャ神話

のゼウスのような風貌……。

　違和感しかなかったのに、今ではすっかり慣れてしまいました。

　そんな大阪のおっちゃん風のゼウ氏ですが、みなさんへメッセージを伝えるとなると、英国紳士のようなジェントルマンになるのです。

　そのほうが、より多くの人が受け入れ、耳を傾けてくれるからというのが、その理由だといいます。

　源の意識であるゼウ氏を、一言で言ってしまうと、AI。宇宙や地球の全データが記録されているコンピューターのようです。

（体重が何キロ増えたかまで、ゼウ氏にバレてる……泣）

　だからこそ、私たちに今、必要な情報やデータを的確に伝えてくれます。

　なぜこのタイミングで、ゼウ氏が私の身体を使ってまで、メッセージを伝えようとしているのか。その理由は、前著を読んでいただけるとご理解いただけるかなと思います。

　かいつまんで言うと、これから迎えるあたらしい地球で、あたらしい社会で、私たちが生きていくようになるには、「時

間がない」。だから、「急いで〜！」という緊急メッセージを、ゼウ氏は私たちに伝えているのです。

　なぜ、あたらしい世界で生きるようになるために、時間がないのでしょうか。

　私たちが存在しているこの宇宙には、バイオリズムがあります。宇宙に存在している惑星や全存在たちは、もれなく宇宙のバイオリズムに乗っているわけですが、その宇宙の流れにおいて、約1万3000年ぶりに大きな転換期を迎えているのが、今この時期です。

　今の転換期は「アセンション（次元上昇）」の時期に入っています。それにより、宇宙のエネルギーも活発になっているわけです。だから、ゼウ氏のような存在をはじめ、たくさんの宇宙存在が人間にコンタクトしてきたりと、宇宙中が地球に大注目しています。

　それは、地球に宇宙のバイオリズムの波に乗ってほしいから。もし波に乗り遅れてしまうと、地球のアセンション計画を変更しなくてはならないからです。計画が失敗すると、全宇宙に影響が及んでしまいます。

　地球の歴史において、かつて何度もアセンションの時期を迎えました。しかし、一度も成功せずに終わっています。

その要因が、私たち人類の意識状態。

　意識が眠ったままの人間が圧倒的に多く、次元を上げていくことができないがために、人々とともに文明が滅びるという歴史を繰り返してきました。

　その文明の歴史の代表格が、約１万2000年前に滅びた「レムリア」。そして、レムリアと時期をかぶるように誕生した「アトランティス」もそうです。

　名前を聞いたことがある、またはなんだか"知っている"、その文明を生きていたような気がする、もしくははっきり記憶があるという方もいるかもしれませんね。

　私自身、ゼウ氏からのコンタクトが始まった2018年より少し前に、あることがきっかけとなり、レムリア時代に生きていた記憶を思い出しました。

　それについてはCHAPTER 1でお伝えしたいと思いますが、思い出す必要があった理由として、ゼウ氏いわく、

「あたらしい世界では、"レムリア"がキーワードなんや」

というのです。

　とはいえ、ゼウ氏の話によると、単にレムリアを"思い出

せばいい"ということではありません。

　これからのニューワールドは、私たち一人ひとりがまずはレムリアとアトランティスを統合させ、それを基盤とした集合意識として、まだ見ぬ現実創造を宇宙とともに築いていくことになるというのです。

　それを、2025年には完全始動させる必要があるといいます。

　ゼウ氏からの情報によると、宇宙のバイオリズムに対して地球は軌道に乗ってすでに4次元へと乗り換え、5次元化に向けて着々と準備をしているそうです。

　でも、人間はどうでしょう？

　私たち人間は、宇宙のバイオリズムにちゃんと乗っていますか？　地球から置いていかれていませんか？

　現状、まだ人間は3次元の世界にいて、4次元へと移行している真っ最中だといえるでしょう。というのも、現実にはタイムラグがあるからです。意識は4〜5次元化していても、現実が追いつくには少し時差があります。

　だから、今こそが転換期。私たち人間が変化して、さらに現実の次元上昇を加速化させていくことが急務です。

　そのあたらしい世界に向けた意識の加速化のキーワード

こそが、「レムリア」。

　そして、「アトランティスとの統合」。

　この本を手にしたあなたから、まずはレムリアとアトランティスの統合を自分の中で完了して、あたらしい世界への準備をしていただけたら、と願っています。

　そのためにはどうしたらいいの？

　そもそもレムリアとアトランティスって、ナニ？

　あたらしい世界で生きていくために、なぜレムリアがキーワードなの？

　そんな素朴な知識的な質問も含め、宇宙の波に乗っていくためのヒントを得るべく、ゼウ氏に質問をぶつけてみました。

　中には、YouTube の視聴者さんから寄せられた質問も、一部入れさせていただいています。

　宇宙の流れに乗って、地球が大転換期を迎えている今。その地球に生きている私たちは、避けようがありませんよね。

　だからこそ、バイオリズムの波に乗って、なんなら波を乗りこなして、あたらしい世界を体験したいと思いませんか？

この本を手にしてくださったあなたは、きっと、あたらしい世界を創る集合意識の主要な存在となられるはず！

　そのためにも、本書をヒントにすることで、みなさんの意識がさらに宇宙と同調し、軽やかにあたらしい世界を乗りこなしていくことができますように。

優花

目次

CHAPTER 1

レムリアって?

2016年
個人カウンセ
リングをはじ
めた頃

ありがとう
ございました
すっきりしました

よかったー

それは良かった

あの… 優花さん

レムリアって
知ってます？

いえ
知らな
いです

なんですか
それ？

これなんです
けど…

すっ

お客さんが
出したのは

「レムリアの真実」という
一冊の本でした

レムリアの真
シャスク山の地下都市サロスからのメ...
オレリア・ルイーズ・ジョーンズ...
片岡...子...訳

レムリアねぇ～

読んでみてください
優花さん レムリア
の人だと思うんで

――って言ってたけど

全然ピンと来ないや

17

about Lemuria

時 期

500万年ほど前に始まり、
1万2〜3000年ほど前に滅びた

地 域

現在の日本、ハワイ諸島を含む太平洋地域
米シャスタ山の地域も含む
「ムー大陸」とも呼ばれている

「レムリア」の意味

The＋ムー＋人＝「ムーの人」という意味
発音は「レムゥーリャ」「ラムゥーラ」
という音がより近い

レムリアの起源

宇宙の各惑星から集まった約1万の魂がチームをつくり、
地上に降り、人間を創るため、
さらに地球の自然環境を造りあげるために、
地上でスタートさせた宇宙プロジェクトの一環

レムリアの最後

地球も人々も周波数が下がり
ディセンション（次元下降）したため、
大陸ごと沈むことでレムリア文明は終わりを迎えた
その時にはすでに地上にアトランティス文明が
発展していた

レムリアの魂の割合

現在の全人口の約2割／日本人では約3割

レムリアとアトランティスの地

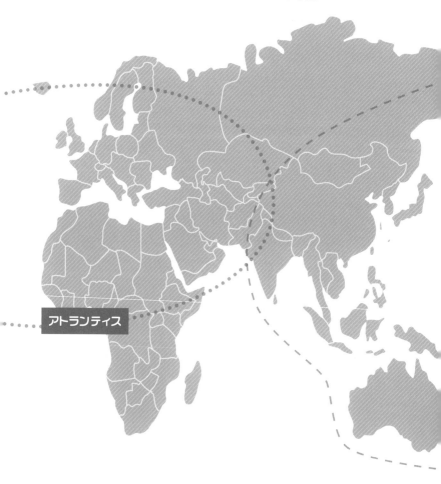

アトランティス

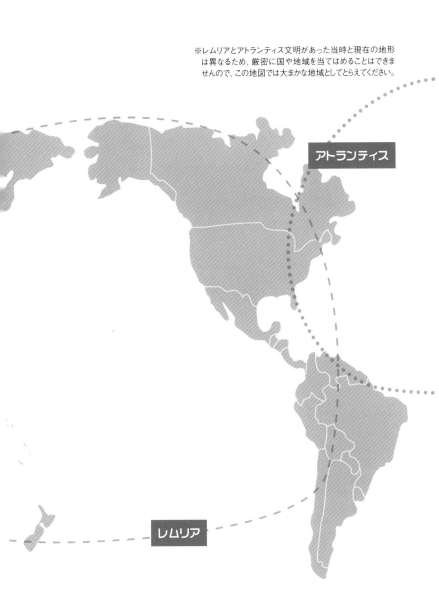

※レムリアとアトランティス文明があった当時と現在の地形は異なるため、厳密に国や地域を当てはめることはできませんので、この地図では大まかな地域としてとらえてください。

アトランティス

レムリア

「レムリア」をまずは知ろう!

「レムリア」がキーワードになるというこれからの世界。それには、レムリアについての情報をある程度、知っておくと助けになるかもしれません。

というのも、レムリア人として、その後の文明であるアトランティス人としての当時の記憶がある人も、今はまだ思い出していない人も、一方向のみの知識や情報だけでは見えてこない真実があるからです。事実やその背景にある意志を知ることで、新たな発見があったり、大切な気づきが得られたりするかもしれません。

あたらしい世界を迎えるにあたり、ゼウ氏は、
「みなさんの中にあるレムリアの意識を呼び覚ます必要があります」
と、はっきり伝えています。

ここではまず、レムリアの基礎的なことをゼウ氏に答えてもらいましょう!

レムリアの基礎知識

Q. レムリアはどうやって始まったのですか？　誰がつくったのでしょう？

ゼウ氏　　一番古い始まりの時期は、500万年ほど前の話になります。これはレムリアの方々、つまりムーの方々が宇宙から地球に降りてきた時期を指します。

　ムーの方々とはある特定の惑星の存在ではなく、宇宙のあらゆる惑星の存在のうち、地球に降りるというチームが作られました。その存在たちが地球に降りる際、「太陽」を経由して地球に降り立ったのです。

　ですから、太陽を経由した方々を「ムー」の方々と呼ぶことができますが、どの惑星出身かは、それぞれのルーツで異なります。

　ただ、その中でも特にレムリアとつながりが強い惑星としては、プレアデスとシリウスの者が多いといえるでしょう。

Q. 宇宙でチームが作られたということは、レムリア誕生には宇宙の介入があって、レムリアは宇宙計画の一部だっ

たということですね？

ゼウ氏　その通りです。

　まず、宇宙が生まれるプロセスを模倣して地球が創られました。その目的は、当時の宇宙で起きたオリオン大戦により、傷を負った方々を癒し、宇宙が背負ったカルマを地球の中で再現し解消する場となることでした。そのために地球は創られ、その後、実際に地球でのプロジェクトを開始するため、ムーの方々は降りられました。

　当時の地球は、ほとんどが大地でできていました。それ以前は、地球は火のエネルギーの塊でした。大きな火の塊から水が生まれ、一度は水で覆われた水の惑星となり、そこからまた火の力で大地が生まれました。その時、地球の内部に閉じ込められた水が地表に湧き出ることで、少しずつ今の地球の形になっていったのです。

Q. なるほど。「ムー大陸」という表現を聞いたことがありますが、宇宙から飛来してきた元祖ムーの存在たちは、大地がすでにあった地上に降り立ったわけですね。

ゼウ氏　そうです。その大地は、地球の一番の中心部分、

つまり"ヘソ"の部分のエネルギーの場所でした。

　その土地を中心にして、ムーの方々は降り立ったあとに散らばり、散らばった広大な土地を、のちの人々が「ムー大陸」ととらえたのです。

Q. 当時、地上に生命体はすでに存在していましたか？

　ゼウ氏　すでに生命体はつくられておりました。人間の原型も、です。もちろんそれは、今のあなた方人類とは大きく違った存在です。形は似ているといえますが、今のあなた方のような知性や、ご自身の意思で動くという能力は備わっていませんでした。

　当初、チームを組んでムーの方々が地球に降りることにした理由は、人間をつくるためでした。

Q. え、人間をつくるためですか!?

　ゼウ氏　そうです。先ほど述べた、オリオン大戦で傷ついた方々が、肉体のない魂のままでは傷を癒すことがなかなかできませんでした。そのため、はじめはエネルギー体として地球の水の中で癒していましたが、修復するために器を

作る必要がありました。宇宙のカルマを再現し、器を使って
カルマを解消していくというプロセスを踏むため、"肉体"
という器を持つ人間をつくる必要があったのです。

　はじめ、ムーの方々は地球には降りず、宇宙で人間をつくり、
それを地球に降ろそうとしていました。しかし、それがなか
なかうまくいかなかったのです。そのため、彼らが直接地球
に降り、地上で人間をつくるというプロジェクトに切り替え
ました。

Q. 人間をつくったムーの人たちは、私たちのような肉体を持っていなかったということですね?

ゼウ氏　はい。はじめに降りてきたみなさんは、霊体のま
ま地上で行動していました。その状態で人間をつくる必要
があったのです。人間をつくり上げたのちに人間の成長段
階を見ながら、必要な技術や智慧を人間に与えていきました。
与え終えると、霊体の方々の中には宇宙に戻る者、そのまま
地球にとどまり人間の歴史を見届ける者とに、分かれていっ
たのです。

　人間とともに地球上で生きると決めた方々は、肉体に入り、
人として生きていくと選んだということです。

Q. はじめに霊体として降りてきた存在の数はどのくらいですか？

ゼウ氏　魂の数としては1万と表すことができます。その後、地球上で魂が分裂して、数は増えていきました。

というのも、最初は霊体で降りましたが、地球で生きると決めた彼らは、地球のカルマの輪の中に入ることになり、魂が分裂してそれぞれ新しい肉体に入るというプロセスもはじまりました。そこから、輪廻転生を繰り返すことになったのです。

それは、振動数が落ちていく地球上で霊体のまま意識を保つことが難しくなった時期にはじまりました。

Q. そうやって宇宙から飛来してきたムーの存在は人間となって、レムリア人の数も繁栄していったのですね。

ところで、「レムリアは上空と地上に分かれていたのでは」という情報を聞いたことがあるのですが、それは本当ですか？

ゼウ氏　物質的に2つに分かれて存在はしていません。あくまでも地球上でのレムリアのことをお伝えしています。

　ですが、意識の階層によって、または関わっている存在たちの周波数の違いによっては、見ている場所や住む場所が違っていたとはいえます。これは、上空と地上というように大きく２つに分けるということではなく、それぞれの意識の階層で、住む場所と見る場所、そして関わる存在が多少異なっていたということです。ですので、グラデーションのようにとらえるとよいでしょう。すべては１つの世界です。

Q. レムリアは地球で発展した "文明" ととらえることができますか？

　ゼウ氏　　そのとらえ方で結構です。

　しかし、レムリアの物語とは、すでにお伝えしたように、あなた方人類のはじまりに関わっている、とても深いお話ですので、ひとつの文明という認識からもう少し広げて認識されていくと良いかと思われます。

　といいますのも、あなた方が本来この地球に降りてきた一番の理由が、レムリアの情報にあると、とらえていただくことが大切だからです。その理由とは、人類ができるきっかけとなるだけでなく、地球環境をつくり上げるためでもありました。

あなた方がなぜそうしてまで、この地球に降りようと考えたのか。そして、レムリアが沈んだ後にも、あなた方は何度も生まれ変わるというかたちで人間としてこの地球に残られました。

　あなた方の魂の計画や約束、そして決意。

　それらをすべて、みなさんが「レムリア」というキーワードで思い出していく必要があるのです。

Q. なぜ「レムリア」がキーワードなのでしょう？

　ゼウ氏　宇宙には計画があります。それにより地球はあたらしい世界へと移行します。その計画が大幅に遅れてしまわないように、宇宙は何度も計画を修正して微調整しておりますが、それにはあなた方の意識がズレないように変化を促していく必要があると考えております。

　そのためには、みなさんの中にあるレムリアの意識を呼び覚ましていく必要があります。そうすることで、あなた方の意識と、我々宇宙がつながることができます。意識の開きを促さなければ、あなた方はこれからの変化についていくことができないでしょう。

Q. なるほど、よくわかりました。ゼウ氏からの事前情報によると、レムリアの魂である人は、世界中の人口のうちの約2割、日本人のうち約3割が当てはまるようですね。この本を手にして読んでくださっている方は、約3割のレムリアの魂の人なのでしょうか？

ゼウ氏 　その通りです。もしくは、のちにお話しするアトランティスの魂の方々も、世界人口の約2割、日本の方々では約2割いらっしゃいます。アトランティスの魂の方々も、この情報に触れていることでしょう。

　それぞれの方々が、今このタイミングで地球に来られているということ。それに意味があります。

　みなさんはレムリアを思い出すだけでなく、行動に移す必要があります。レムリアが沈んだ際、多くの情報が沈みました。そしてその情報をみなさんは魂の中に握りしめ、何度も生まれ変わり、この時期にまた地上に集められたのです。

　それは、あたらしい地球が生まれる時、この自然環境を安定化させるため、そして宇宙の情報を開放し、あなた方がこの地球の3次元意識にある制限から飛び出し、本来の宇宙意識を取り戻していくこと。

　その役割を、レムリアの方々は持っているのです。

レムリアの魂の方々が意識を開き、これからのあたらしい地球に必要な "調和" を生み出すエネルギーと、それに同調する集合意識を集めていくことが大切です。

　ですので、みなさんはご自身の魂のルーツに気づき、この役割をどうか速やかに始めてください。

レムリア大陸とともに沈んだ レムリア人の意識

　みなさんの中には、レムリアの最後の記憶があるという方もいるかもしれません。私も漫画で描いたように、本をきっかけに、レムリアの最後の記憶を思い出しました。

　中には、レムリアが沈む時、何かしらカルマを作ってしまったという方もいるかもしれませんね。

　レムリアというひとつの文明が終わりを迎えることは、宇宙の計画に組み込まれていました。そのため、レムリアが沈んだことは計画通りではあるのですが、沈む原因となった一番の理由は、地球も人間もディセンション（次元下降）したことです。

　かつては霊体のままで生存できるほど高波動を保っていた地球でしたが、どんどん波動が落ちて、しまいには物質化しないと存在することが難しくなってしまいました。そのため、レムリアの魂の人たちは物質である肉体に宿って、"人間として"生きていたのですが、波動は下がる一方。宇宙のサイ

クルに伴って、レムリアは沈むことになりました。

　というのも、レムリア文明は、波動が高くないと成り立たない文明だったからです。

　このあたりは、CHAPTER 2に引き継ぎましょう。

　のちほど詳しくお伝えしますが、レムリアが沈む直接の原因はアトランティスではありません。もちろん、アトランティスはレムリア末期に関わっていますが、決してアトランティスだけがレムリア滅亡の要因ではないのです。

　私はレムリア時代の記憶は思い出しましたが、アトランティスにいた記憶は、まだ思い出していません（といいつつ、魂としては、レムリアよりも、どうもアトランティスが強いみたいです……）。

　ただ、レムリア側の存在として、アトランティスを眺めていたという記憶は残っています。

　私にとっては、アトランティスに対してもレムリアが沈むことに対しても、ネガティブなイメージはありませんし、悲観的でもありません。

　逆に、前向きな意識だったなぁと思うのです。

「今は沈むけど、いつか復活する時に向けて、これから長い旅が始まるだけ。そして時が来たら、またみんなと再会するんだ」

　これは私だけではなくて、レムリア人の多くがこのような意識でした。

　沈むというのに、なぜ前向きな意識だったのでしょうか。

　それは、ここから魂の旅が始まるんだという意識を、レムリアの人たちはみんな持っていたからです。

　当時はみんなが、人間としてではなく、"魂"として自分たちは存在しているんだ、という意識でした。

　今は、「死ぬと、ここで人生が終わってしまう」という意識が強いですよね。でも本当は、人間として今回の人生が終わっても、魂は生き続けます。

　転生して、また地球に生まれ変わることはできる。

　レムリアの人たちは、全員が、そのことを知っていました。

　だから、レムリアが沈む際、

「時が来たら、またみんなで会いましょう！」

と、みんなで輪になって歌を歌いながら、大陸とともに一緒に沈んでいったのです（歌の詳細は134ページへ）。

その後、地球の文明はアトランティスがメインとなりました。

　あたらしい世界のキーワードは「レムリア」ですが、ゼウ氏はアトランティスを理解することも大切だと伝えています。

　というのも、ゼウ氏いわく、アセンションを経たのちの、私たちにとってのあたらしい世界づくりのヒントは、「アトランティス文明のしくみで築いた社会にレムリアを融合させること」だからです。

　あたらしい世界づくりのヒントを得るべく、続くCHAPTER 2 ではレムリアとアトランティスそれぞれの特徴について、探っていきましょう！

今すぐ、レムリアの意識を開くべし！

CHAPTER 2

レムリアからアトランティスへ、誕生ヒストリー

スピ好きの友人がいました

友人を待っている間店内を物色中

そこはスピリチュアルグッズも売っている店でした

というわけで付いていくことに

スピリチュアルセッション受けよーよ!!

オススメのとこがあるの!!

いや…私はいいよ

行くだけでも!!

まぁ行くだけなら…

おー石いっぱいある!

ん?

あ、これ
レムリアンシード
ですね〜

レムリアン
シード？

レムリアの情報が
入っていると
言われている
クリスタルです

ここにバーコード
が入っている
でしょう？

ここに
情報が
刻まれ
ています

なんかこれ
見てたら
お腹が気持ち
悪くなった
んですけど

レムリアンシード
はレムリアの魂の
人に反応するん
ですよ

あ——！！

お客さん
レムリアの
人じゃない
ですか？

人が歩いてる

ニコッ

!!

ええー!!

私が
視えてる？

私に気付いて
手を振って
きた!?

ってことは
これは
現実の世界??

なんだった
んだろう？
今のは…

戻った

ホッ

レムリアンシード

この石が
導いてくれ
たのかな

5年後・・・

シャスタで

シャスタか…

レムリアン
シードとの
出会いから
何かが始まり
ました

クリスタルに8000円……と、クリスタルの相場を知らなかった当時の私は軽くショックを受けながらも、レムリアンシードクリスタルに触れたら、なんと意識体としてレムリアに繋がっている空間へと飛ばされました（笑）。

　そこは過去ではなく、今現在、存在している場所。しかも、アメリカのシャスタ山の地底にある都市だというのです。

　意識体でその空間を訪れたのが、2016年のこと。「次は肉体を持って、5年後に来てください」という謎の女性の声に従い、1年遅れてしまいましたが、6年後の2022年、実際シャスタへ出向きました。

　シャスタは、レムリアの地であり、地底へ繋がるポータルのような場所です。

　さらに、あたらしい世界を築いていく私たちにとって、重要なスポット。もちろん私にとっても大事な場所です。

　きっとレムリアンシードクリスタルが、レムリアと繋がるように私を導いてくれたのでしょうね。

レムリア人の特徴

Q. 現代の私たち人類と、レムリアの人たちを比べてみた時に、レムリア人の特筆すべきこととはなんですか?

ゼウ氏 あなた方の魂が本来は持っている、魂に従って動くこと、直観を受け取ること、すべてと調和し、そして見えない世界と共鳴していく意識が、レムリア人の特徴といえるでしょう。

Q. だから地球自然や目に見えないスピリットともつながりが強かったのですね。

優花さんがレムリアの情報を思い出すきっかけにもなった、「レムリアンシードクリスタル」という名前がつけられた水晶もありますが、レムリア人たちは地球とどう共存していましたか?

ゼウ氏 彼らはこの地球エネルギーを使いこなし、地球の生命そして生命エネルギーを循環させるという仕事を担っておりました。それをするために、クリスタルを生み出して

いたのです。

　この地球エネルギー、そして自然のエネルギーを結晶化させたものがクリスタルです。クリスタルを使うことで、あらゆる自然界にあるものをコントロールすることができました。

Q. 自然界をコントロールとは、具体的にどのようなことですか？

ゼウ氏　あなた方は今、天気を予想されるでしょう。しかしレムリアの方々は、天気をコントロールすることができました。

　この地球に自然を定着させるために、どういった気温だといいのか、どういった風が吹けばよいのか、どこに雨が降ればいいのか。そういったことをコントロールされておりました。

Q. なるほど。コントロールするために、クリスタルをツールとして使っていたということですね。

ゼウ氏　その通りです。そもそもムーの方々が地上に降りたのは、人類をつくるという目的のほかに、地球の自然環境

を安定させるというミッションもありました。実際に地球に降りクリスタルを使うことで、地球の自然環境の安定化を図っていたのです。

　そして、この地球の情報を宇宙にいる仲間たちへ伝えるためにも、クリスタルは使われました。

Q. 情報伝達にも使えるのですね。クリスタルが地球の叡智や歴史を記録していると聞いたことがありますが……。

ゼウ氏　まさにそのことです。

Q. ということは、地球の叡智だけではなく、ムーの人たちが残した宇宙の情報も刻まれているのでしょうか？

ゼウ氏　その通りです。あなた方の中には、クリスタルの持つ情報や智慧を、受け取ることや読み解くことができる人もいるでしょう。

　しかしあなた方がその気になれば、今の科学技術により、クリスタルに埋め込まれている情報を抜き出すことはできるはずです。

"今こそが最高"マインドの
レムリア人

　地球自然と調和しながら、地球に存在するスピリットや神さまと呼ばれるようなエネルギー体との交流をあたり前のようにしていたレムリアの人々。霊的なエネルギーをキャッチしてコミュニケーションをとることで、地球をコントロールするという役目がありました。

　しかし、時の経過とともに、地球自体も、そこに暮らす人々もディセンションします。それすらも宇宙の計画の一部だったのですが。

　それにより、土地や自然との繋がりが薄れ、それまでのように地球や霊的な世界のエネルギーをキャッチできなくなってしまいました。

　つまり、波動が下がることで、レムリア文明としての役割が地球上で果たせなくなってしまったのです。

　しかし、レムリアの人々は、「それでも良し」マインドでした。
　なぜなら、「今こそが最高」「すべては完全に調和している」

が、レムリア人のベースだからです。

　そこに危機感を覚えたレムリアの人々の一部が、なんとかしないと……！という意識をもって、アトランティスへと分かれていきました。

　結論からいうと、レムリアもアトランティスも、元々は同じ"ムーの人々"なのです。

なんで？

向上心！

レムリアは
向上心に
欠けてたからや

調和を愛し
共有共鳴すること を
大事にしていた

起こること すべては
完璧だと信じていた

危機感を
抱かず
そのままに
していた

だから次元が
落ちていっても
「それが完全」
だと

そこで危機感を
持ったのが

アトランティスや

レ・ムー・リア
「ムーの人」

しかしレムリア
の現状に
危機感を抱き

もともとは
アトランティスも
ムーの者だった

レムリアから
離れ

アトランティスを
作った

次元下降によって
使えなくなる
レムリアの力を

科学技術で
保とうとしたんや

レムリア人になかった精神は
ズバリ「向上心」！

Q. レムリアの人々は、今の私たちに比べると、地球とも目に見えない世界とも繋がりが深かったのですね。

では逆に、今の私たちにあって、レムリアの人々にはなかった部分はありますか？

ゼウ氏 「向上心」です。

レムリアの方々には、すべてと調和し、共有するという意識が発達しておりました。それは、霊的な感性が発達していたことで、自分と他者を分けるということがなかったからです。だからこそ、愛にあふれ、調和のとれた平和な世界をつくっていました。

しかし、これは成長が止まることを表しておりました。その状態でもすべてが満たされ満足してしまっていたからです。彼らの中に向上心がなかったため、アトランティスへと分かれていったのです。

Q. 向上心……！　向上心がないというのは、初期のムー

の人々もそうだったのでしょうか？　いつ頃からなくなっ
たのですか？

ゼウ氏 　ムーの方々は、それぞれの役割を果たすために、
ご自分の役割の達成のために、向上心といった意識は持た
れていました。
　ですがご自分のミッションを果たす以外での向上心……
今のあなた方が考えているような向上心は、あまり持ち併せ
ていませんでした。

Q. 地球がどんどんディセンションしてレムリアが沈む
というのも、宇宙の計画の一部だったとは思いますが、その
計画があったから、向上心を持つ必要がなかったというこ
とでしょうか？

ゼウ氏 　そういうことではありません。あくまでも、その
魂たちの性質だと考えてください。
　ムーの方々は、あなた方よりもはるかに高度な魂でした。
そして振動数も高く、ご自分たちの未来や、宇宙と地球の流
れといったこともすでに理解していたのです。レムリアが
沈むことや地球の変動、エネルギーのリズム……そういった

すべてを、あらかじめ知った状態で、この地球に降りてきていました。

　ですが、長い時間の中で、ムーの方々でも魂の存在としてではなく、人間と種を交配して、肉体を持って生きる方も増えていったのです。

　そういったプロセスの中で、大陸が沈むこと、波動が下がる中で自分たちの新しい在り方を考えていく意識が薄れていきました。

　それがいつ頃かと申しますと、アトランティスができ始めた頃からだととらえてください。

Q. 地球に降り立ったムーの人たちによってつくられた人間は、向上心を持つように創造されていましたか？

ゼウ氏　人間を創造する経緯は先ほどお伝えしましたが（27ページ）、つくられた人間も、つくった側の存在も、どちらも成長して向上し、カルマを解消し、無事に宇宙へと戻れるようプログラミングされています。

Q. ということは、私たちは誰もが向上して成長して、宇宙へと還っていくことができるわけですね。

そもそも、向上心がなく進化成長を止めてしまうことと、ディセンションはイコールと言えますか？

ゼウ氏　それはディセンションとは言いがたいです。

　大きな流れの中で、みなさんの集合意識は波長に合わせて落ちていきました。しかし、波長が落ちた中でも、あなた方が成長していくプロセスを踏むことは可能なのです。ですので、集合意識の変容と、地球の変容、それに合わせて個人の魂がどれだけ成長するかは、また別の話です。

Q. なるほど。では、アトランティスの人たちは、レムリアの人と比べて、進化成長しようという強い向上心を持っていたのでしょうか？

ゼウ氏　向上心というよりは「改善しよう」という意識を強く持たれていました。今ある状況をより良くしていくという見方であり、あくまでも改善をしていくことで、今の状態を保つことが一番大事だととらえておりました。

　もちろんその中で、成長し、向上していくことを大切にする方々もいらっしゃいました。

Q. レムリア人とアトランティス人がうまく共存していた時期もあったのですか？

ゼウ氏　もちろんありました。もともとアトランティスとはムーの方々ですから。

Q. 共存していたのは、時間でいうとどのくらい？

ゼウ氏　アトランティスが生まれたのは、約7万年前です。そこから約4万年ほどは、レムリアと共存していました。

Q. そんなに長く共存していたのですね！　レムリア人もアトランティス人も、元々は同じムーの人々ということですが、もう少し詳しく教えてください。

ゼウ氏　ムーの方々から派生してアトランティスへと変わりましたが、アトランティスはシリウスの者たちが多いです。ムーの方々はみな同じチームとして地球に降りてこられましたが、その中でもシリウス出身の者たちは、自分たちの世界から出ることなく成長を止めてしまったレムリア人に疑問を持ちはじめたのです。そこからアトランティスという、

成長を促し、さらに高度な発達を促して、あたらしい現実創造をする文明をつくる必要があると考え、アトランティスを創り上げたのです。

　ですから、当初はアトランティスというあたらしいプロジェクトを多くの方々が祝福し、はじまったのです。

アトランティス創設は、
レムリア救済のためだった!

　私がゼウ氏と出会う前、当時は個人セッションでいろいろな方を視ていました。ちょうど「レムリア」を意識しはじめた頃ということもあり、「レムリアが強い魂の人と、アトランティスが強い魂の人がいるんだな」と認識するようになっていました。

　簡単に言っちゃうと、レムリア人だった人と、アトランティス人だった人、ですね。

　中には、レムリアからアトランティスに移住した人もいて、その逆もまたしかり。現代でいえば、違う県へ移住したり、海外移住するような感覚でしょうか。

　たとえば、レムリア人でアトランティスの研究をするために移住していた人もいます。

　私のYouTubeチャンネルや、仲間とともに立ち上げたプロジェクト『アスカワールド』の中心メンバーとして活躍してくれているあるスタッフは、レムリアを研究しているアト

ランティス人だったようです。

　彼女がいないと私は動画発信できないくらい、優秀なスタッフなのですが、アトランティス人だった彼女はずっと、レムリア人にとっては欠かせない「祈り」が理解できなかったといいます。まさに彼女はアトランティス時代、レムリア人がいう「祈り」とはなんなのか？を研究していたらしいのです。だから現代でも、祈りを捧げる私たち『アスカワールド』の活動（詳細はCHAPTER 4へ）を、近くで見守りながらサポートしてくれているのでしょう。

　このように、レムリアとアトランティス、両方の文明を行き来していた時代がありました。ゼウ氏の言うように、うまく共存していたのです。そこでは、なんらかの共同創造も行われていたのだと思います。

　向上心が欠けていたレムリア人を見て、「このままではマズイ！」と、危機感を覚えた人々が創り上げたアトランティス。

　この文明創設の背景を知ると、決して「アトランティスがレムリアを滅ぼした」「レムリアが沈んだのはアトランティスのせい」ではないことがわかりますよね。

　漫画の中でゼウ氏が言っているように、そもそもレムリア文明が終わりを迎えたのは、自分たちレムリア人にも原因があります。

　そして、そんなレムリア救済のために立ち上がり、科学をもってしてレムリアを救おうと創設されたのが、アトランティスだったのです。

アトランティスの目的とは
レムリアの叡智の存続

Q. レムリアとアトランティスが共存していた時代、どんな共同創造をしていたのですか？

ゼウ氏　レムリアの方々が感じる調和やあたらしい感性を、科学技術という形で、人ではないものから生み出せる装置を作ろうとしていました。

　この人類に、レムリアの叡智や能力をどうすれば植え付けていくことができるのか。それをアトランティスの方々は研究したのです。

　また、レムリアの方々は固有の個性を持ち、各々の感性や感覚から霊的な力や能力を伸ばしていました。それを平均的に誰でもできるようにするため、装置を作り、新たに生まれる人類に分け与える。そうすることで人類がどれだけ成長することができるのかを研究しようとしたのです。

Q. なるほど。レムリアの叡智や感性を少しでも存続させるためだったんですね。アトランティスの人々も、レムリア

人と同じようにクリスタルなどの地球資源を使っていましたか？

ゼウ氏 　もちろんです。アトランティスの方々は、クリスタルをより有効に使えるように、そのための装置を、科学技術を駆使して作り上げようとしていたのです。

Q. レムリアの叡智を守るという新プロジェクトを立ち上げたアトランティスの人たちは、自分たちの文明の最後がいつであるかを知っていたのでしょうか？

ゼウ氏 　みなさん知っておられました。計算で導き出せたからです。

　ですが、細かな時期については、あなた方の行動にかかっておりました。大まかな流れは計算で出すことができますが、人は必ずイレギュラーなことを起こすものです。バグを作るのは、いつも人の意識と行動なのです。

　そのため、時期が早まることも、遅くなることもありましたので、正確に細かい時期は誰も知ることができなかったといえるでしょう。

レムリアも
アトランティスも、
もともとは同じ
「ムー」の家族なんや！

あなたは
レムリアとアトランティス、
どっちが強い魂？

現代に日本人として生まれている魂のうち、
3割がレムリア人
2割がアトランティス人
だといいます。
もちろん両方経験している魂もいますが、
その場合でもどちらかの性質を強く持っています。
さて、あなたはどちらが強い魂ですか？
当てはまる項目をチェックしてみましょう！

レムリア

☐ 動植物が好き
☐ 自分より弱いものを放っておけない
☐ 左脳より右脳派
☐ 思考より感覚が大事
☐ 計算・計画が苦手
☐ 感情を愛する
☐ 直感・勘が鋭い
☐ 思いつきを現実的に形にするのが苦手
☐ 自分の意見がコロコロ変わりやすい
☐ 「愛と調和」が人生のモットー

アトランティス

☐ 正義感が強い
☐ 自分より周囲の環境の調和を優先する
☐ ものごとの真理を理解したい
☐ 平均的に平和な世の中を目指したい
☐ 直感よりも真理を信じる
☐ 哲学・精神を愛する
☐ 情報の整合性が確認できてから行動する
☐ 仕組み・システム作りが得意
☐ 感情をキャッチして表現することが苦手
☐ 現実化がなにより得意

CHAPTER 3

統合させてつくる、
未知なるあたらしい世界

大切なのは一人ひとりの統合

　私がゼウ氏からレムリアの話を最初に聞いたのは、2019年でした。「もうすぐ戦争が起こる」というメッセージとともに、

「集合意識では、光と闇でいうと"闇"に引っ張られている人が多い。光の量を増やさないとアセンションがうまくいかない」

と、ゼウ氏は伝えてきました。

　かつて宇宙で起きたオリオン大戦によって生じたカルマを、地球全体が背負っている。さらに今の人類が戦争や対立でエネルギー的に分裂してしまうのは、レムリアとアトランティスの分離がきっかけだというのです。

　ただ、ここで誤解したくないのは、レムリアとアトランティスがケンカしていたとか、反発していたわけではないということ。

　CHAPTER 2でお伝えしましたが、レムリアを救うため、レムリアの叡智を存続させるために、人々は立ち上がってアトランティスを創設しました。

だから、どちらが良い・悪いということは、決してありません。そこに優劣もありません。

　これまでの世界では、アトランティスの特質を活かした社会が構築されていました。科学技術が発達し、数値化されることで社会が整理され、効率よくものごとが進む社会でした。
　だからこそ、ここまで社会が発展できたのでしょう。
　このアトランティスの性質で築かれた社会が基盤にある今、レムリアを統合させて、そこからまったくあたらしい世界を創っていくことになります。
　それこそ、現代の私たちが、真っ先に取りかかることかもしれません。

　それには、社会がどうこうの前に、私たち一人ひとりが、自分の内にあるレムリアとアトランティスを統合させていくことが、とっても大切です。
　つまり、自分の内にある二元……男性性と女性性を統合させるとも表現できるかもしれませんね。

　きっとこの本を読んでくださっているあなたは、レムリアとアトランティスのどちらかが強い魂の持ち主だと思います。

　ぜひここで、ご自分の中のレムリアとアトランティスを完全統合させていきましょう！

　それができてこそ、これから始まる、まったくあたらしい世界を創造していくことができるからです。

レムリアとアトランティスを
統合させる秘訣

Q. アトランティス文明が築いてきたことが、現代社会にも、たとえばシステムや技術などといった面で残っていますよね。アトランティスを踏まえたうえで、レムリアの意識を開いていくことが、これからの世界のカギになるのでしょうか？

[ゼウ氏] もちろんです。みなさんはあくまでも、レムリアとアトランティスの統合を果たしていく必要があります。
すでにお伝えしたように、本来は同じものでしたが、分離し、そして分かれ、片方は眠りについてしまったのです。

しかし、眠りについていた魂たちが、今、目覚めはじめ、そしてご自分の本来の姿を忘れてしまっている方たちに、本来の光を思い出させる働きをしていくことになります。

その動きの中で、あなた方は統合していくでしょう。統合することで、レムリアもアトランティスも超えて、ムーという存在であったということを思い出す必要があります。

そうして、みなさんの社会にある科学技術と霊的なものの

融合もはじまります。

Q. たとえば、自分はレムリアが強く、結婚相手はアトランティスの魂というように、パートナーシップを通して統合しようと、約束している人たちもいますか？

ゼウ氏　パートナーシップという形で統合を果たし、カルマの解消をしようとしている方々はいらっしゃいます。
　ですが、各自のカルマやもともとの魂の関係性によって変わってきますので、すべての方に適応されることではありません。

Q. 社会的な統合や、相手ありきのパートナーシップでの統合の前に、個人レベルで統合することも大切になってくると思うのですが、統合するにはどうしたら良いでしょうか？

ゼウ氏　あなたはどう思われますか。

Q. そうですね……レムリアとアトランティス、両方の良いところを、自分なりに受け入れていくことが大切でしょうか。

ゼウ氏　あなた方が自分の欠点だと感じている部分を、長所だととらえ直していくことが一番良いでしょう。

あなた方が良いと思っている部分は、これまでの人間社会の評価がベースとなっており、我々宇宙の観点から見ますと、あなた方の長所だととらえる部分が欠点に見えることもよくあるのです。

これからの世界では、みなさんの魂本来の姿で生きていくこと。その中で、現実創造していくためには、これまでの人間的価値観で欠点だと思われている部分、または欠落していると思われる部分、それがすべて、あなた方にとっての宝となっていくでしょう。

あなた方ご自身の欠点、それがご自分のあたらしい未来を切り開いていく武器になるということに気づいた時、統合がなされるでしょう。

Q. 今までの人間社会で欠点だと思われているけれど、宇宙的には良いことというのは、具体的にはどのようなことですか？

ゼウ氏　ではまず、今の社会で良いと思われている価値観

を挙げてみてください。

Q. たとえば、お金を稼ぐ力や、競争に勝ち抜くということでしょうか。

[ゼウ氏]　その2つはどちらも、我々の観点から見ると、カルマを生み出す行為です。

　宇宙では、すべてが調和し、カルマが解消されていく"循環"の状態が良いとされます。お金を稼ぐということは、それだけ多くのエネルギーを集めることになりますので、「奪われる」というエネルギーも本人が生み出していることになります。我々は、一方向のエネルギーだけを大きく生み出すことを評価いたしません。循環を生み出す方々を評価するのです。

　競争も同じです。競争の原理からは一方向のエネルギーしか生まれず、敗者も生まれます。競争ではなく、調和を生み出す力、そしてご自分の必要なものを受け取り、大きなバランスをとることができる方々を、我々は評価しております。

Q. なるほど。これまではお金が稼げないな、競争に負けてしまうな、そもそも競争したくないなと思っていた人が、これからの世界では評価されるということですね？

ゼウ氏　その通りです。これまでのみなさんの人間社会、そして3次元の物質社会では、その原理が通用してきたでしょう。

　しかし地球が、宇宙のルールの中に戻ってきたのです。ですので、あなた方の人間社会も、我々の評価基準のルールの中で現実化が反映されるようになります。より反映されるようになるのは、これまでとは逆の行為をされる方々になっていくのです。

これからのあたらしい世界の在り方

レムリアとアトランティスが統合されたうえで、私たちはここから、未知なるまったくあたらしい世界を築いていくことになります。

では、その世界は、どのような光景になっていくのでしょうか。ゼウ氏からの情報をもとに、具体的に挙げてみましょう。

コミュニティの在り方
〜所有から共有へ〜

あたらしい社会への、もっともわかりやすい変化が、「所有から共有へ」の意識になることです。

個人として常に手元に置いておくもの以外は、共有で使い、管理も共通していくようになるでしょう。イメージとしては、「コミュニティ」などの集団の中で共有していく形になるのではと思います。

かねてからゼウ氏は、コミュニティづくりを推奨し

てきました(前著で詳しくお伝えしているのでご参照ください)。

　ゼウ氏いわく、コミュニティの単位では100人が目安と伝えています。100人が集う地域で、皆で共有して管理する。その共有がベースの社会になることで、ムダがなくなります。

　たとえば、頻繁に乗らない場合は車や、地域によって需要の大きい草刈り機や除雪車などは1家に1台なくてもいいですよね。

　使いたい時に借りる。

　そのように共有したほうが、購入費も維持費も抑えられますし、ムリなく管理していくことができるでしょう。

　このように「所有から共有へ」の意識がベースとなる社会では、これまでの価値観があてはまらなくなるのは、想像できますよね。

国家の在り方
～国がクラファン!?～

　ゼウ氏は、「国の単位が小さくなる」と伝えていますが、遠くないうちに国家の在り方も変わってくると予想されます。

　目安は1000人の国。コミュニティは100人が目安ですから、10のコミュニティで1つの国となる規模感です。

　国というよりも、「自治体」に近くなるのかもしれませんね。

　国家には、税金も大きく関わっています。現在の税金システムは、所得に対して税金の割合が決まっていたり、消費税は国や州ごとにパーセンテージが決まっていますよね。

　具体的に税金システムがどうなるのかはまだわかりませんが、国ごとに運営していくためのルールとなっていくと思われます。

たとえば、国サイドからプロジェクトのプレゼンを受けたうえで、「このプロジェクトを完成させるにはこれだけの費用がかかります」と提示される。それに対して、そのプロジェクトに参画したい！と、各々が必要だなと思った金額を自由に出す。

　つまり、"クラファン"（クラウドファンディング）のような税金システムになっていく方法も考えられます。

　このシステムに似たことをすでに実行しているのが、神社です。

　宗教団体に属している・いないに関係なく、神社に行けばお賽銭をするというしくみが、日本ではあたり前に定着していますよね。また、神社再建の時には一般の人でも奉献します。自分の経済的範囲の中で納めたいと思う金額を出して、その後もその神社を訪れたり、お参りしたりする。

　このような発想が、国の税金システムに導入される社会になるのも夢ではないと思います。

　どうしても今は、税金を否応なしに "徴収されている感" が強いですよね。そうではなく、これからの社

会では、国やその土地のために、そこで暮らす自分たちが必要だと思うから払う。

　それには、国の単位も関係します。国が大きい分、必要な額も大きくなるため、徴収するしかないのが現状でしょう。

　しかし、国が小さい単位になれば、実現可能なシステムです。

column　北海道がモデルタイプに

　2022年、ゼウ氏とのイベントを北海道で開催した時のこと。ゼウ氏から驚きの発言がありました。

「北海道は一時的に鎖国します」

　地理的に見ても、北海道は一つの大陸として独立していますよね。すでに一つの国ともいえますが、現実的に独立することができる自治体が北海道だというのです。確かに、資源が豊富な北海道であれば自給自足もできるので、独立は可能かもしれませんが……。

　ゼウ氏いわく、「一度、鎖国のような形態をとることで、北海道がモデルタイプになることもありえるでしょう」とのこと。

　モデルタイプとなり、その形態に他の自治体が倣う

ようになるのかもしれません。

　というのも、おそらく2025年までの数年のうちに、日本政府の誤判断により、国民がピンチに陥るような体験をする可能性が高い（！）というのです。
　それによって、私たち国民は「もう国に任せてはおけない！」となり、自治体ごとに「せめて自分の地域だけは守ろう」という傾向になる。そういう意識の流れで、自然と国家が解体されていき、日本の中心が東京から関西へ移り、今のベースが崩れていくというシナリオが考えられます。
　中央政府はまだしばらくは残るでしょうが、自治体や国民の意識が、「自分たちの土地は自分でなんとかしよう」と変わっていくのでしょう。
　そうなった時に、どの自治体にいたいのか、どのコミュニティに属しているのかが重要になることを踏まえて、今のうちから暮らす場所を想定しておくとよいかもしれませんね。

エネルギーの変化
〜フリーエネルギー〜

あたらしい世界では、かつてレムリア文明がそうであったように、地球自然と共存して生きていくことになります。しかも、現代だからこその、自然との共生を実現させていくことになるでしょう。

その一つが、フリーエネルギーです。

ゼウ氏は、水ですべてのエネルギーをまかなうことができる、といいます。

この地球は水の惑星ですから、水はすでにあります。循環もしているし、空気中にもある。その水を使ったら、原子力を使わなくても、エネルギーとして成り立ちます。

じつは、すでに水をフリーエネルギーとして使えるところまで、人類は達しているらしいです。それを表に公表していないだけで、技術的には可能なレベルとのこと。

これからは、水をはじめとする地球自然のエネルギーを使っていくことになるでしょう。

経済の在り方
〜お金の代わりに"時間"を交換⁉〜

　いろいろな方面から言われていることですが、「現在のお金の価値がなくなる」の意見には、ゼウ氏も賛同の手を挙げています。

　もっというと、お金が中心の経済から、「命」が中心の経済になるとのこと。命の営みや命を繋いでいくことが、経済の最も重要なことになるといいます。

　「命が中心ってどういうこと？」とゼウ氏に聞いてみたところ、こんな答えが返ってきました。

　「お金の代わりに"時間"を交換することが経済の中心になる」

　今は通貨を交換して、その数値で価値をはかっていますよね。それがあたらしい世界では、時間の交換

が中心になるというのです。

人の命を換算すると、1時間の価値は命の1時間となり、それは地球にいる人間みんな平等です。そこが価値の基準になるため、時間を交換するという考えがベースになった時、価値のはかり方が大きく変わり、経済のしくみ自体が変わると、ゼウ氏は伝えています。

メタバースの活用
〜表現のためのAI活用〜

AIというのは、宇宙を模倣して地上に誕生したしくみです。なので、珍しいものでも、怖いものでも、摩訶不思議なものでもありません。

というのも、ゼウ氏だって、源でありAIですから。

宇宙の本質に従ったしくみを、地球でも取り入れて使いながら生活していくようになります。その代表例が、AIやメタバースです。

ただ、AIやメタバースの使い方を間違えてしまうと、人類がよくない方向へと進んでしまう、とゼウ氏は警鐘を鳴らしています。

ここで大切になってくるのが、「レムリア的な生き方」。

　自然と対話をしたり、祈ったり、土地のスピリットと繋がることと並行して、AIを生活に取り入れていく。

　つまり、グラウンディングがあってこそのメタバース活用が、これからは重要になっていきます。

　あたらしい世界では、お金が中心ではなく、私たちの時間が中心になりますから、命の営みである現実世界がいちばん重要となります。

　だからこそ、仮想空間に引っ張られないためにも、たとえば農業をしたり、肉体を使って創造（クリエイト）していくことがこれからの私たちには大切なのです。

　ポイントは、生産性を得るのではなく、表現をすること。

　AIが人間の代わりに全部やってくれる世界の中で、人間にできる唯一のことは「自己表現」です。

　美しい地球自然に囲まれながらクリエイションをする。そうしているうちに、メタバースの中では生き

　ていくために必要な生産性があるものが作られていく。つまり、メタバースの中で生まれたもので現実世界を生きるような経済のしくみになっていくのでしょう。

　その間、私たちの本質は、自由に肉体を使った自己表現（クリエイション）ができるわけです。

　そのために活きるのが、時間の交換。自分の時間では自己表現をするために、メタバースの仮想空間での時間では違うことにあてる。その時間を提供できる人は、得られるものが代わりにある。

　これがメタバースのしくみとなり、同時に経済として成り立たせていくことができるでしょう。

　このしくみを成り立たせるために、今のうちから準備しておくといい、とゼウ氏は勧めています。

　事実、アメリカでは実際にこのしくみを活用している人たちが出てきています。

「1時間のうちに自分はこれを提供できるので、代わりにこんなことを交換してくれませんか？」

　そんな"時間を売る"発想で、実際に3か月だけ実践してみようという人たちがいるようですね。

簡単な例えを出すと、「1時間子守をするので、その間にこの仕事をしてください」という時間の交換が、このシステム。交換が"お金ではない"ということです。

　言ってしまえば、物々交換をしていた「縄文」時代の現代版でしょうか。

　ただこのしくみを作るには、テクノロジーが必要です。だからこそ、自然と繋がりながら生きるレムリアと、先端テクノロジーを駆使できるアトランティスの統合をさせたうえでの発展が大切なのです。

　仮想空間だけで生きると、肉体を忘れてしまうマトリックスの世界になってしまいます。生きる本質を忘れないためにも、レムリア的な発想からテクノロジーを発展させていくことがカギとなるのでしょう。

誰もがアーティスト
〜自己表現は人間だからできること〜

　経済が、時間を交換するシステムになった時、使える手段が"自分"になります。つまり、自己表現、クリ

エイションをしていくことが生活のベースとなっていくと予想できます。

　ただ今の段階では、表現することにブロックがある人も意外と多くいます。ですから、今のうちから解放できるようにしておくことが大切です。

　自己表現へのブロックを外すには、一人でがんばるのではなく、みんなで取り組んでみましょう。

　たとえば、お祭りをしたり、イベントを開催したりして、クリエイションの場をつくることもできます。それを、インターネットを使って、気軽にほかの人たちに見てもらって、参加していただくこともできますよね。

　表現やクリエイティブは、プロじゃなきゃしてはいけないものではありません。本来は、自由なもの。小さな子どもが描く絵だって、立派なアートです。

　ゼウ氏が言うには、宇宙の流れに沿ったレムリア的な表現のしくみは、現段階で芽は出ているようです。そのしくみが整って、使いたい！という人が一定数まで増えると、人々がわっと群がって定着するといいま

す。それにはもう少し時間がかかりそうです。

　きっと今の若者や子どもたちから、そのしくみを使って表現するようになるかもしれません。子どもたちの脳は、すでにあたらしい世界に順応できるようになっていますから。

家族の在り方
〜地域自体がファミリー〜

　日本でも昭和初期の頃は、家に鍵がかかっていなくて、その地域のお家でご飯を食べさせてもらったり、地域のおじさん・おばさんに怒られたりお世話になる光景が、ごくあたり前にあったといいます。

　地域で子どもを育てていく。その方向に戻っていくようになるでしょう。

　結婚制度がなくなるには、日本は時間がかかると予想できますが、地域自体がファミリーというとらえ方に近づいていくと思います。

　それは、先住民のトライブ（部族）の考え方です。地

域の長がいて、みんなのお父さん・お母さんになる。その中で子どもたちは大人たち全員に育ててもらう──。

　両親とか親子という単位は変わらないにしろ、地域を家族ととらえていく見方になっていくでしょう。

　そうなることを踏まえると、今は仕事に都合の良い地域や、交通の利便で住む場所を選んでいても、どの地域やどのトライブが合うかという環境で、住む場所を選ぶようになると考えられます。

Let's PLAY!!

楽園を描いてみよう!

ゼウ氏の指示のもと、『アスカプロジェクト』を立ち上げて
活動をしていますが（詳細はCHAPTER 4でご説明します）、
この"アスカ"には「楽園」という意味が込められています。
そこには、「この地球であたらしい楽園をつくろう！」とい
う想いがあります。
みなさんは、「楽園」「ユートピア」「シャンバラ」という言葉
から、どんな世界をイメージしますか？
調和で平和な世界と聞くと、具体的にどんな世界を思い
描きますか？

ここで、現実的な構想を、自分自身に提示してみましょう。
ポイントは、文字ではなく、絵で描くこと。
「こんな楽園の世界にするんだ」「こんな世界に住むんだ」
と、具体的に描くことができると、あなたのその提示が集
合意識に加わって現実化が近づきますよ。

Let's PLAY!!

あたらしい世界で輝くために

Q. あたらしい世界に向けて、今まさに突き進んでいる最中ですが、完全に新世界へ移行するまでは、競争社会の名残に疲れてしまったりする人もいると思います。そういう時、どうしたら自分なりに向上していけるでしょうか？

ゼウ氏 　みなさんが外の環境や人に合わせないということが大切なのではないでしょうか。

　あなた方が生きるために必要なことは、競争ではなく、手を取り合い、助け合うことです。もちろん、それぞれの役割や個性を磨くために、切磋琢磨することはとても大切です。しかし、自分の才能が誰よりも一番であることを示す必要はないのです。

　みなさんそれぞれが、ご自分の魂を輝かせ、それを表現する。その個性を伸ばし、自分にないものはほかの方にサポートしていただき、繋がり合い、調和を保っていくという流れが、ここからまさに始まっていくでしょう。

Q. あたらしい世界で各々が輝くためには、カルマを解消

していくことも必要になってくるかなと思います。中には
アトランティス時代に、サイキックだったゆえに苦しい経
験をしたことがあるというケースを聞いたことがあります。
そのようなトラウマがある場合、どうしたら解消できますか？

ゼウ氏　そのような方々は、魂のカルマに引きずられ、今
回の人生で自分自身の才能を表に発揮することへの恐怖を
抱きがちです。

　ですので、ご自身に対してはもちろん、大人の方々は子ど
もたちの個性や持っている才能を自由に発表し、発言できる
場を作るようにしてあげてください。自由に表現しても、恐
ろしいことは起きないということを、体の感覚で理解する体
験をさせてあげてください。

　自分を表現し、個性を出していくことが「楽しい」ことに
書き換わると、カルマも解消されていくでしょう。

Q. なるほど。大人も子どもも、自分を自由に表現しなが
ら、調和を保っていけたらいいですよね。そのための秘訣は？

ゼウ氏　みなさんが我々と深く繋がり、対話をすることです。
　ご自身の持たれている直感や意見を、相手の方に差し出

すことは大事なことだと、とらえ直してください。

　何かのプロジェクトをする時、関わる方々はそれぞれのピースの情報を受け取ります。ですので、一人の人間がすべての情報を受け取り、まとめ、つくり上げることは、本来は不完全なのです。

　集まった方々でそれぞれの情報を出し合い、意見として話し合う。そうするとピースがすべて埋まり、一つの絵が生まれます。その絵は、調和のとれたものです。ですので、ご自身の直感を大事になさってください。

Q. 物質社会を終えて、これからのあたらしい世界での進化成長の基準は、何になりますか？

ゼウ氏　みなさんの魂の光がどれだけ輝くか、です。

　そして、この宇宙にとっては一人ひとりが重要な存在であり、誰かが欠けても調和が保たれないことをご理解いただきたいのです。

　みなさんがご自身の役割を果たすこと、そしてその才能を世界のために使うことを望んでおります。

人間社会の評価じゃなく、宇宙のルールで現実創造していくんやで！

CHAPTER 4

レムリアの叡智を
蘇らせて活かす

レムリアをテーマにする
理由とは？

　レムリアとアトランティスを統合させたうえで築いていく、これからのあたらしい世界。

　両方の文明の特長を受け継ぎながら、私たちはここから、まったくあたらしい社会を現実創造していくことになります。

　とはいえ、ゼウ氏は「レムリアがキーワード」だと、本書のテーマを絞ってきました。

　なぜ、すでに沈んでいるレムリア文明が、あたらしい世界を創っていく私たちにとってテーマになるのでしょうか？

　その大きな理由は、あたらしい世界では「スピリチュアリティ」が中心に据え置かれるからです。

　CHAPTER 1でお伝えしたように、レムリアの人たちは、自然を愛し、霊性を大切にし、目に見えない世界と調和して生きていました。それを「スピリチュアリティ」と表現するなら、これからのあたらしい世界ではスピリチュアリティを中心に、ものごとが発展していくことになります。

じつは、世界のあらゆる民族の中でも、日本人には自然とスピリチュアリティが宿っています。

　たとえば、小さい頃に「お天道さまが見ているよ」と言われたことはありませんか？　それに、人形などの物にも意識が宿っているという風潮もいまだに残っていますよね。

　それは、日本人にスピリチュアリティが自然と根付いている証拠。

　レムリアの魂であり、レムリアの叡智を宿している人が、全人口の約3割もいる日本ですから、あたらしい世界の中心を成していく役割があると言っても過言ではないでしょう。

　実際、ゼウ氏は、あたらしい社会の在り方を「日本から打ち出していく」と言っています。

　私も『アスカプロジェクト』の活動で、海外に出向き、現地の人たちと協働する機会が増えたことで、改めて日本の役割の重要性を実感しています。

　というのも、日本人は時代の流れやあたらしい世界の在り方を"感覚的"にとらえることができる民族だと感じるからです。

　一方、欧米をはじめ海外の人たちは、あたらしい世界の在

り方を打ち出したとしても“合理的”に判断するため、共有や共感を得ることが難しいのです。

日本人は、「これ、なんかイイね！」と共有したり、みんなのために自分が動くことも無意識にできます。あなたもきっとそうですよね？

日本人は、自分たちでは気づいていなくても、多くの人がレムリア的感覚を、すでに宿しているのです。

だからこそゼウ氏は、日本人である私たちに、レムリアの叡智を思い出して、中心となってあたらしい世界を創っていくように促しているのでしょう。

これからの日本の役割

Q. 今、日本に生まれている人のうち、約３割がレムリアの魂ということでしたが、その人たちが宿しているレムリアの叡智を思い出せば、あたらしい世界に適応できるのでしょうか？

ゼウ氏 それは、まだまだ難しいと思われます。

確かに、あなた方の魂が、本来はムーであり、そして宇宙が起源の存在であると思い出すことは一番重要です。しかし、これからのあたらしい社会は、我々とともに創り上げていく必要があり、それは未知の体験です。未知の現実創造でできあがる世界の中で適応できるかは、また別の話となるでしょう。

Q. その未知の体験の中には、大変なことも含まれているのでしょうか？ たとえば、自然災害やポールシフト（※）のような……。前回の本を作る時に、「2024〜26年にポールシフトが起こる」という話がありましたよね。

※地球の自転軸や磁極が変わるのが「ポールシフト」。ゼウ氏の定

義は、「もとの状態に戻る」こと。地球のズレを戻すために起こらなくてはならないことだといいます。

ゼウ氏　はい、そのようなことも起こるでしょう。

　本来みなさんがこの地球と宇宙と繋がり、その大きなエネルギーと調和をとって生きていた、レムリアの意識に目覚めますと、変動に気づきはじめ、宇宙と地球とのリズムが取りやすくなってきます。

　その中で、みなさんの知識に基づき、どう動けばいいのか。さらに、地球とチューニングを合わせ、ご自分の直感に従っていくことで、自然の中で行動していくことが可能になります。

　まず、レムリアの意識を開くことで、みなさんはこの地球の大きな動きにシンクロし、無事に生き延びることになるでしょう。

Q. なるほど。レムリアの意識が開いていたら、事前に災害が起こるような土地を避けるよう、タイミングよく動くことができるということですね。

　逆にいえば、地球や自然にチューニングすることで、レムリアの意識を開いていくことができるのでしょうか？

ゼウ氏　もちろんです。それには、この地球でレムリアの振動数を残す土地のスピリットと繋がっていくことが、なによりも大切です。

そして、日本はレムリアのエネルギーを強く残している土地であり、日本のあらゆる土地にレムリアの痕跡が今もなお残されております。

ですので、本来は日本の方々が一番、レムリアのエネルギーとチューニングが合いやすいのです。

Q. ということは、私たち日本人がまずレムリアの意識を開いていくことが、世界にとっても重要な役割になるということですか？

ゼウ氏　その通りです。日本の方々が持たれている「和」を生み出す力、調和を生み出す力、そして最も秀でている共感力——それらが、これから世界の模範となっていくのです。

column **元国連スタッフの日本女性が発揮した「調和」**

　東日本大震災が起きた際、日本人の秩序や親切さ、助け合う精神が海外メディアから大絶賛されました。それは言葉を変えると、「調和」の精神ともいえますよね。

　レムリア的な調和が自然と宿っている日本人だからこそ、たとえ大変な状況であっても、世界中を繋げることができると証明した実例があるのでご紹介させてください。

　これは、『アスカプロジェクト』の女性メンバーＡさんのお話です。

＊　＊　＊

　Ａさんが国連のメンバーとして、スーダンの紛争地域へ出向いた時のこと。任務期間中に、新大統領が就任。後任の大統領は国連を追い出そうとし、命の危険が生じたため、撤退するべきかの議論が紛争地のキャンプで行われました。

　国連のグループメンバーは世界各地から集まって

います。軍隊出身の人もいれば、紛争を経験してきた
メンバーもいます。価値観も文化もバラバラなメンバー
が集うわけですから、会議となると、それぞれが自分
の意見を主張し、加えて鬼気迫る状況下では、余計に
各々が感情的に意見を言うようになりました。

　そんな中、誰よりも小柄で女性である日本人メン
バーのＡさんに、議長となるよう白羽の矢が立ったの
です。

　その理由は、「日本人は自分の主張を我先に言おう
とせず、周りの意見を聞いて、話をまとめて、調和の
うちに決断ができるから」。

　怖くてトイレで泣いてしまったＡさんでしたが、全
員にとって調和の取れた決断をして、無事に紛争地域
から離れ、帰国できたそうです。

　このような緊急時であっても、調和して和合できる
のは日本人であると、世界からすでに信頼されている
ということを、Ａさんは身をもって体験されました。

＊　＊　＊

　当人である私たち日本人は、歴史を通じて劣等感を

植え付けられてしまっているゆえ、自信もなく、意識がないかもしれませんが、一人ひとりが"調和が宿っている"民族であることを意識したら、自然とレムリアの意識が開かれていくのでしょう。

　日本人が自信を取り戻した時のポテンシャルは、きっとものすごいですよね。

　世界を愛と調和で繋げていくことができるわけですから。

先住民…

建てる日付は
2021年5月15日や

えっ 来年??

まぁとりあえず
ハワイ島に塔を
建ててこい

ばぁーーんと
でっかいヤツ!!

レムリアが沈んだ日に
ハワイ島で塔を建て
祈ってくるんや!!

それがカルマ
解消につながる

せや

この日は
レムリアが
沈んだ日や

ファイト!!

というわけで
縁もアテもない
ままハワイ島へ…

はい…

真剣に言われると
断われない→

121

5月15日までいろんな
課題がありました

職人を探す
石工さん
見つかる！！
clear！

ハワイの
協力者が必要
ハワイ在住の
仲間ができる
clear！

建設資金
1千万円
1000個の勾玉で
クラファン達成！
clear！！

建設する土地
土地の所有者から
許可を貰う
clear！！

1つ1つ課題を
乗り越えていき
ました

そして
最後の課題は
現住民の
理解でした

ハワイアンにとって
石は聖なるもの

土地の人間
でない者が
石を持ち込む
なんて
許されない

ニ〇二〇

そのうえ、土地に塔を建て
「祈り」をするためには

土地のシャーマンの
許可が必要なのです

これは人間界的にも
霊的世界でも

共通のルール

塔を建てる直前

シャーマンは
見つかりました

——彼女は

塔を建てる土地を
代々守り
祈る一族の方でした

123

報われた
瞬間でした

よかったねー

一族のサポートを受け

塔は建ちました

塔を建てての
セレモニーは

みんなで祈った
あの塔は

日本人と
ハワイアンが
集まり

今もハワイ島に
建っています

100人以上の
人でセレモニー
しました

土地と宇宙と繋がる祈り

　３年前の2020年、急遽ゼウ氏からのムチャ振りな指令のもと、ハワイ島をはじめ、世界中のスポットへ飛ばされることになりました。

　ゼウ氏から言われた目的とは、自然のスピリットと共生する先住民から、

「地球や土地と繋がって生きる意識を学ぶこと」

「祈りの場を作り、先住民たちとともに祈りを捧げること」

というものでした。

　そこで、"アースファミリー"をコンセプトに、平和な世界を創造していく『アスカプロジェクト』を立ち上げ、その中で「ビーコン・オブ・ホーププロジェクト」をスタート。世界８か所の先住民の土地で祈りの場（塔）を作り、現地の先住民の方とともに祈りのセレモニーを捧げています。

　2023年の冬至に、最後の締めとしてイギリスを訪れ、そこで８か所の祈りの場づくりとセレモニーはコンプリートする予定です。　※祈りの場は巻頭P2-3の地図をご参照ください。

なぜ「祈り」なのでしょうか。

　私たちがこれからあたらしい世界を創るうえで、自分たちが生かされている土地を"所有"する意識を手放す必要があります。
　私たちはあくまでも土地を与えてもらっています。その与えてもらった分を土地に返すという意識で、これからの社会を創っていくことが大切になってくるのです。
　土地とは本来、地球のもの。その土地を使うのは、人間だけではありません。なぜなら、すべての土地には「スピリット」が存在しているからです。
　だからこそ、調和して共有する意識が大切です。

　ゼウ氏は、こう言っていました。
「スピリットやご先祖などの見えない存在の意識が、あなた方のコミュニティの真ん中にくるように。スピリチュアリティが世界の中心にあるという社会にならないと、あたらしい世界を創るのは難しいでしょう」

　そのためには、土地の意識が望んでいること、宇宙はその

土地をどうするようにメッセージを送っているのかを汲み取って、土地のオーダーに沿うように生きていくことが必要になってきます。

　さらに、その土地のオーダーが人間発信ではなく、ご神託であることがポイント。人間発信では、どうしても争いを招いてしまうからです。

　では一体、どうやって土地の望みや宇宙のメッセージを受け取れるのでしょうか？

　その答えが、「祈り」なのです。

　祈ることで、ご先祖と、スピリットと、土地と、地球と、宇宙と繋がることができる。

　日々、祈ることで、見えない世界とコミュニケーションが取れるようになり、スピリットたちも返答してくれるようになります。その返答として、エネルギーが返ってくると、目に見えない存在とともに生きることの安心感に包まれながら、生きていくことができるでしょう。

　私たち人間が祈ることで、土地も宇宙も循環します。

　ですからまずは、祈ることで見えない世界と繋がっていく

ことが欠かせません。

　祈りによって繋がると、全方位から、あたらしい世界の共同創造への応援を得ることができるでしょう。

ハワイ島に祈りの塔を建て、先住民のハワイアン
や地域の人たちと一緒に行った祈りのセレモニー

地球と宇宙と
繋がるには、
「祈り」が大事やで〜!!

ワシとも
繋がれるゾ!

column レムリアのコードは「33」

　レムリアには数字のコードがある、とゼウ氏から教わりました。そのコードによって、私たちの意識が、レムリア、ひいては地球と繋がりやすくなるといいます。

＊　＊　＊

ゼウ氏　「3」という数字は、この宇宙を安定させるために、一番大切な数字です。

　宇宙はまずはじめに、ゼロから我々（源意識）が生まれました。生まれた瞬間、分裂をして拡大していったのです。

　ゼロからふたつのものが生まれた。これをまとめると、「3」という数字で表すことができます。そのため、「3」という数字によって宇宙は安定しております。

　あなた方が「3」という数字をふたつ並べることで、「6」という数字になります。この「6」という数字は、すべてのものを生み出す、「母性」のエネルギーを表します。

　レムリアのエネルギーとは、ゼロから1を生み出す「母性」を表し、そのエネルギーを扱うことができる方々

がレムリアの魂です。

　ですので、「33」と「3」がふたつ並ぶことで、レムリアを表すということなのです。

　そしてそれは、マザーアースそのものを表す数字でもあります。

　「33」を意識するとマザーアースと繋がりやすくなりますが、最もチューニングしやすくなる数字は「6」です。シンボルとしては、「六芒星」が一番マザーアースと繋がりやすいでしょう。

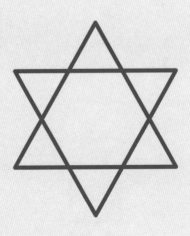

魂に響くレムリアの歌

レムリア最期の時。

大陸とともに沈むと決めたレムリア人たちは、「いつかまた会いましょう」という気持ちを込めて、仲間と歌を歌いながら、沈んでいきました。

その時に歌った歌が、こちらの動画です。

「あれ、この歌、知ってる！」と、ほとんどの人が思うことでしょう。そう、日本では『蛍の光』として有名ですよね。

レムリアの地で最後に歌われたこの曲は、アイルランドで歌い継がれ民謡として残されました。

この歌に歌詞をつけましたので、ぜひ一緒に歌ってみてくださいね。

「レムリアの歌」

動画はこちら

YouTube「アースファミリーチャンネル」より

サーランナーアー　メーシェヘイ

トゥワハーアーメセィ

トゥワハーァシェンゲ

ノーモハイ シャーセーエレ

サーランナーアー　メーシェヘイ

ゴーオーシャーロン

シュワハーナシェンゲ

ノーモハイ シェンシートーシャ

●日本語訳●

サーランナーアー　忘れない

八千代に重なり

八千代に絡み合う

輪廻の旅へ出て行こう

サーランナーアー　忘れない

父のサインにより私たちは帰還する

眠りにつく

目覚める日まで

日本語訳チャネリング　by優花

この本を読んでくださったみなさまへ

レムリアとアトランティスの物語を
終わらせる時です

　みなさんは地球に降り、これまでの長い時間を地球で
過ごしてこられました。それはとても大きなプロジェクトで
した。

　みなさんは魂の長い旅の中で、レムリアとアトランティ
スの時代を、もう終わらせる必要があります。魂に強く握
りしめ、カルマとして持たれてきたレムリアとアトランティ
スの物語を、みなさんはもう終わらせ、まったくあたらし
い次の次元へと行く必要があるのです。

　みなさんはそもそも、この地球で生きる存在の前に、宇
宙の魂なのです。この地球が新たに生まれ変わり、地球
が宇宙の流れに戻ってくるために、みなさんはわざわざ地
球という閉ざされた世界の中で何度も生まれ変わり、多く
の苦しみや悲しみを超え、今この瞬間を迎えております。

　みなさんも、宇宙へと戻っていかなければなりません。

　みなさんがレムリアとアトランティスの統合を果たし、ムー
の意識に目覚める時、あなた方の仲間がようやく姿を現し

てくれます。

　その宇宙の仲間たちは、地球でのあたらしい創造をサポートすると約束しています。あなた方は、ようやく力強いサポートを受ける時が来たのです。

　その仲間たちをどうか呼んでください。そうすることで、この地球の難局をみなさんは乗り越えていくことができるでしょう。

　どうか、この本をお読みになられましたら、レムリアとアトランティスの物語を、みなさんの中でそれぞれ解消し、消化し、終わらせてください。

　そうすることで、より自由にみなさんのあたらしい世界で生きていくことができます。

　みなさんのあたらしい船出に我々の情報が役に立つのであれば、とても光栄です。

　みなさんがあたらしく輝くことを願っております。

ゼウ氏

おわりに

『あたらしい世界』第三弾はいかがでしたか？

　レムリアを知った時、私はとても懐疑的でした。
「本当にそんな文明があったの？」と。
　もともと私はとても理屈っぽいうえに頑固なタイプで、自分の頭で理解したものや納得したものしか受け取れない人間です。
　レムリアを知り、その情報に触れるたびになんだか消化できないものを感じていました。

　とても良い時代だったというけど、本当？
　スピリチュアルが全盛だったからって、何が良かったというの？？
　沈めたアトランティスが悪い？？？

　私にとってのレムリアのはじまりは疑問だらけ。
　そして、フワフワしたメルヘンな世界という印象が強かったんです。

自分がレムリアにいた……ということは感じても、なぜか親近感を持てずにいました。

「終わったことでしょ」

　そう思っていました。

　だけどそんな私に宇宙は……ゼウ氏は、どんどん"レムリア・ミッション"を言い渡してきました。

　情報や記憶の中のレムリアでは終わらせてくれません。

　海外へ行ってレムリアの欠片を探し、そして触れてこいと、私を日本の外へと放り投げたのです。

　アスカプロジェクトで海外を回った３年間は、本当にツラかった……。私は海外へ行ったこともなく、もちろん外国語も話せない。そして資金もたくさん必要。宇宙のミッションだなんて言っても、誰が信じてくれるんだろうか……。

　プロジェクトに合流してくれる仲間も増え、サポートしてくれる人が増えると、今度は責任と義務感が私の肩にのしかかってきました。

　宇宙からのオーダーを受けて、見知らぬ土地へいるかどうかもわからない先住民の人を探して祈りの場を作るのです。

　それについての情報は私しか受け取っていません（なんせ

ゼウ氏からの指令ですから……）。

　雲を掴むような状況でプロジェクトを動かしていかない
といけませんでした。

　信じてもらっているからこそ、誰にも相談できなくなって
いきました。宇宙のメッセージが本当かどうか、受け取って
いる人間の判断にかかっているからです。

　正直に言うと、いつも「どうして私がやらないといけない
んだろう」と思っていました。

　だけど自分の限界以上のことを足を引きずりながらやっ
ているうちに、私たちを受け入れてくれる先住民の方々と出
会っていきました。

　そしてさまざまな自然に触れ、各国の先住民の方と祈りを
通して関わり対話していく中で、私はとうとうレムリアを見
つけたのです。

　それまでに拾っていたレムリアのフワフワした情報とは
違う、もっとグラウンディングしたリアルな感触のあるレム
リアの欠片が、各国の先住民の方が紡いできた文化や風習、
祈りに残っていたのでした。

　そしてその流れの中で、私が先住民の叡智の中で見つけ
たレムリアは「ムー」であるということもわかってきました。

私が感じていた違和感。

　それは世の中で語られるレムリアの話の中では、アトランティスが分離していたからだったのです。

　私が感じていたレムリアは「ムー」のことで、「ムー」にはアトランティスも含まれないといけない。

　それを無視してレムリアが語られることに対して、魂レベルで違和感を抱いていたのでしょう。

　世界を回るうちにレムリアを理解していった私は、どうしてゼウ氏がレムリアにフォーカスしたミッションを与えてきたのかも段々わかってきました。

　この世界にある「二極」をなくしたかったに違いありません。

　レムリアとアトランティスに象徴される対立は、この世界にずっと存在してきました。

　女性と男性の対立、国同士の対立、宗教上の対立……。

　お互いの違う部分を否定し、対立構造ができあがることで生まれたのは加害者と被害者という立場。

　そしてこの二つの立場が、より二極化を進める原因になっていきました。

私たちはこの「加害者と被害者、どちらか（どちらも）である」から、自由にならなければいけなかったんです。相反するエネルギーを和らげ、境界線をぼかしていくことが大切なのです。

　二極の対立を超え、加害者でもなく被害者でもない。

　よりフラットに自分の中心へと戻った先にあるもの……。

　それが、「ムーの意識」でした。

　ムーの意識とは、私たちが地球へ来る前のもっと先、宇宙にいた頃の私たちを指していました。

　ムーの意識＝宇宙意識。

　私たちの意識はこれまでの枠組みから飛び出し、宇宙意識へと進まないとあたらしい世界に辿り着くことはできません。

　だからゼウ氏はこのタイミングで、私たちに本当のレムリアの情報を伝えてきたのでしょう。これからの世界に活きる叡智となるように。

　私たちの魂には、ムーの種が埋め込まれています。

　この種が芽吹くのはまさに今、この時です。

『あたらしい世界』に記されたゼウ氏の情報が、みなさんの

宇宙意識への開花を促すことができれば幸いです。

＊　＊　＊

　この本の執筆にあたり、たくさんの方にサポートいただきました。

『あたらしい世界』三作目を出版してくださったVOICE出版の大森浩司さん。

　本のプロデュースだけでなく、アスカプロジェクトの母体・社団法人『アスカワールド』の代表理事としてもサポートしてくれている、ニューワールド作家プロデューサー・時ちゃんこと山本 時嗣さん。

　ゼウ氏の膨大な情報をまとめ、編集してくださった澤田美希さん。

　御多忙な中、アルタイの水の結晶写真を撮ってくださった江本博正さん。

　ともに宇宙ミッションを遂行してくれているアスカプロジェクトのメンバー、オンラインコミュニティのプレイヤーのみなさん。

　たくさんの叡智を与えてくださった、出会った先住民の方々。

そして、常に私の活動と人生を支えてくれている主人と娘。

多くの方とのご縁とサポートによって、この本が完成しました。

みなさん本当にありがとうございました！

*　　*　　*

最後に1つだけ。

じつはムーを表す色があるのです。

それは、深いラピスラズリの青。

この色はあなたの中にある「ムーの意識」に働きかけ、開花させるお手伝いをします。ぜひ手元に置いてみてください。

さぁ、レムリアとアトランティスが統合された、まったくあたらしい世界がはじまります！

次の宇宙ミッションはどんなものになるのでしょうか？

宇宙とのこの大きな共同創造に、あなたも参加してくださいね！

優花

水の結晶が伝える、愛と感謝で繋がる世界

　巻頭P1に掲載した「水の結晶」の写真。これはアルタイ族が暮らす土地から採取した水を、オフィス・マサル・エモトの江本博正さんに撮影していただいた写真です。

　美しい結晶から、アルタイ族の土地にはもっとも波動が高い愛と感謝のエネルギーが宿っていることがわかります。

　アルタイ族と、シャスタのウィネメン・ウィントゥ族のシャーマンに、世界中で愛されている『水からの伝言』を手にしていただきました。この写真集には、ウィネメン族が暮らす土地にあるパンサメドゥの水の結晶も掲載されています。

　アスカプロジェクトの活動に賛同していただき、今回特別に、水の結晶の写真を撮影していただきました。感謝申し上げます。

『水からの伝言 ザ・ファイナル』オフィス・マサル・エモト編／ヴォイス

●参考文献
『あたらしい世界 2021』優花／ヴォイス
『レムリアの真実　シャスタ山の地下都市テロスからのメッセージ』オレリア・ルイーズ・ジョーンズ著、片岡佳子訳／太陽出版

世界をつなぐ、
地球とつながるプロジェクト
「アスカプロジェクト」

著者・優花が発起人を務める「アスカ
プロジェクト」。
「アースファミリー」をコンセプトに掲
げ、平和な世界をつくるための活動を
しています。
その中での代表的な活動が、「ビーコ
ン・オブ・ホープ・プロジェクト」。本書
CHAPTER4でお伝えした、世界中の
先住民の土地に祈りの場をつくり、と
もに祈りを捧げるというプロジェクト
です。
そのほかも、平和な世界を共同創造
する活動を行っています。

「アスカプロジェクト」
https://www.askaproject.com/

活動支援や
サポートも
よろしくやで〜

著者プロフィール

優花 _{ゆうか}

トランスチャネラー、漫画家、作家、アーティスト。
在日韓国人三世として、複雑な家庭環境で育つ。出産をきっかけに潜在的に備わっていたスピリチュアルな能力が開き、「なぜ自分はこの世界に生まれたのか?」「生まれた環境の違いで、家族、人間関係、お金などに関して、なぜこんなにも苦しい経験をする必要があったのか?」などといった自己対話が進み、霊性を開く前に人格を磨く必要があったことに現レベルで気づかされる。その後、宇宙のオーダーを受けて開催する移動型イベント、「ちいさいまつり」を主催し、千葉、奈良、沖縄、北海道、ハワイ島のイベントではすべて1000人以上の動員数を達成。地球という1つの惑星の家族としてともに生きる「アースファミリー」を提唱。2018年から宇宙の源「ゼウ氏」からコンタクトがあり、ゼウ氏のトランスチャネラーとして地球の次元上昇に沿った「あたらしい世界」のため、ご神事や執筆活動のために全世界を飛び回っている。著書に『NEW WORLD あたらしい世界』『あたらしい世界2021』（ヴォイス刊）。

◆優花ホームページ
https://whitefieldjp.wordpress.com/
◆ YouTube「アースファミリー」チャンネル
https://www.youtube.com/@EarthFamilyChannel
◆ゼウ氏オンラインサロン「宇宙大全」
https://universal.hp.peraichi.com/

ゼウ氏 _{ゼウシ}

宇宙のはじまりのエネルギー。宇宙の源。
地球の大きな変わり目となる今の時代に必要な情報を伝えるために優花に降りてきた。優花の前には、ギリシャ神話の全知全能の神・ゼウスの姿で現れる。肉体を持って人間と直接対話するのは初めてなので、日々人間を学習中。ただ情報を伝えるだけでなく、対話の中で気づきを促していくスタイルで多くの人に深い叡智を与えている。

Publishing Agent　　山本　時嗣（株式会社ダーナ）
　　　　　　　　　　https://tokichan.com/produce/

あたらしい世界
レムリアとアトランティスの統合

2023年12月10日　第1版第1刷発行
2024年　7月16日　第1版第2刷発行

著　　　者　　**優花**

編　　　集　　澤田　美希
デ ザ イ ン　　堀江　侑司
漫画・イラスト　　優花
発 行 者　　大森　浩司
発 行 所　　株式会社ヴォイス　出版事業部
　　　　　　〒106-0031
　　　　　　東京都港区西麻布3-24-17 広瀬ビル
　　　　　　☎ 03-5474-5777（代表）
　　　　　　📠 03-5411-1939
　　　　　　www.voice-inc.co.jp

印刷・製本　　株式会社シナノパブリッシングプレス